DÉVELOPPEMENT

DE MES

RÉVÉLATIONS

SUR

LA RESPONSABILITÉ MINISTÉRIELLE,

PRÉCÉDÉ

D'UN MEMENTO PROPHÉTIQUE,

Appuyé sur le texte des ordres mystérieux pour le Roi et les Chambres, d'un grand Ministre responsable, ensemble sur les dispositions de la Charte, promesses royales, décrets, délibérations des Chambres, opinions de MM. les Pairs, Députés et Publicistes; discours de M. de Corbière, et de M. de Villèle lui-même, en opposition avec ses ordres donnés et exécutés à l'insu du Roi et des Chambres réunies.

MEMENTO HOMO ! On oublie ce précepte divin, quand on boit chaque jour, à longs traits, dans la coupe du pouvoir; on oublie tout, jusqu'à la reconnaissance, jusqu'aux lois menaçantes de la responsabilité. Semblable au cèdre, l'ambitieux, cachant son front dans les cieux, dédaigne d'abaisser ses regards sur la terre. Croyant pouvoir fouler aux pieds, l'homme faible à qui il doit tout, l'ambitieux ingrat oublie qu'un *ciron* nous délivre du *crocodile ;* il oublie que celui qui a fait un espèçe de prodige, en triomphant de la nature pour lui applanir *la voie du Capitole*, sous certaines conditions, l'a suivi pas à pas sur sa chaise curule, pour se réserver les moyens de punir l'ingrat, violateur de la foi jurée, en le tenant suspendu sur *la Roche tarpéienne.* Enivré par l'encens des flatteurs, il ne voit pas une main invisible, sortant d'une tombe royale pour écrire sur le mur son arrêt en présence du Roi..... Enfin, *le Roi sait.....* L'ambitieux coupable, écrasé sous le char de la fortune inconstante que son fol orgueil se flattait d'enchaîner, reconnaît, mais trop tard, que l'homme de poussière rentre dans la poussière avec la rapidité de la foudre, pour devenir la pâture des vers, et, comme eux, un objet d'horreur.

Puisse le développement de mes révélations graver dans le cœur du Ministre responsable ces vérités immuables, comme l'*impartiale et suprême équité de la magistrature* qu'il a méconnue, outragée; puisse-t-il (il en est temps encore), conseillé *par la sagesse de Salomon*, céder au vœu de l'opinion publique, et se consoler de la perte du pouvoir, en gravant en tête du chapitre de Sénèque, *sur le mépris des richesses : Heu ! patior telis vulnera facta meis.*

J'ai dit, dans l'exorde de mes révélations, comment j'ai été entraîné à amender les concessions généreuses que j'avais faites dans un écrit déjà imprimé, Une objection préjudicielle me conduit naturellement à faire de cet écrit le développement de mes révélations; un *erratum* à la fin expliquera quelques répétitions.

Objection préjudicielle. — D. On a pu, dit-on, commettre quelque omission dans la circulaire imprimée du 1.er juin 1824, qui ne parle que des émigrés, et semble exclure les droits acquis; mais enfin le mal sera réparé; personne ne sera exclus. *Tout est dit;* vos écrits sont inutiles.

R. Oui, *tout est dit*, pour les attentats contre l'autorité constitutionnelle du Roi et des Chambres; ils sont consommés. Quant aux attentats non consommés, voici comment je m'exprimais, avant de connaître même les nouvelles pièces accusatrices qui m'ont conduit à amender mes concessions (1). Ce résumé ramènera la question à ses véritables termes. « Le Mi- » nistre, dira-t-on, n'a commis qu'une » erreur en oubliant les droits acquis. »

Mais comment cette erreur a-t-elle pu

---

(1) Avec *Erratum* suivant :

Page 110, au lieu de, *je prouverai*, lisez, *j'ai prouvé*. — Page 48, après la question d'excuse que d'avance j'ai admise, ajoutez : *si le Ministre prouve son innocence, en se retirant.* — *Idem*, après les mots *innocente* circulaire (au cas d'amphibologie.)

être commise? Comment a-t-on séparé ce qui devait être uni, lorsque M. de Villèle, répondant antérieurement à un député qui commit la même erreur en parlant de l'indemnité due aux émigrés, prouva que cette restriction était contraire aux intentions de S. M., de *fermer les dernières plaies de la révolution*? Comment est-il possible que la même restriction ait postérieurement été renfermée dans la circulaire financière? Pourquoi M. de Villèle n'a-t-il pas répondu à mes lettres en opposition avec cette circulaire mystérieuse pour les parties intéressées et pour moi? Pourquoi n'a-t-il pas fait vérifier les calculs de mon plan financier en opposition avec la mystérieuse circulaire? Pourquoi M. de Villèle a-t-il gardé le silence, lorsque M. le comte de La Bourdonnaye, postérieurement à la circulaire, développa sa proposition embrassant un système général d'indemnités pour biens vendus? Pourquoi, le lendemain, un journal semi-officiel chercha-t-il à prouver, en rapportant et paraphrasant les discours de M. de Villèle, que la proposition de M. de

La Bourdonnaye restreignait le système d'indemnités conçu par M. de Villèle, tandis que cette proposition était au contraire restreinte par une circulaire antérieure? M. de Villèle a-t-il ignoré cette circulaire? Elle est *conforme à ses ordres.*

Pourquoi la circulaire contient-elle le contraire de ce qu'a dit M. de Villèle avant et après cette mystérieuse circulaire? Pourquoi n'a-t-elle pas été insérée dans les journaux? Quelle prudence a pu écarter une publicité qui, si la circulaire eût embrassé tous les intérêts, aurait contribué à augmenter les avantages résultant des discours du trône, à porter la consolation dans le cœur de tous les infortunés, à calmer toutes inquiétudes, à faciliter les arrangemens volontaires, et à accroître les produits du fisc, une publicité enfin qui n'aurait offert que des avantages sans aucun inconvénient, et n'aurait été préjudiciable qu'à l'agiotage que le mystère pouvait encourager, et qu'on a été forcé de réprimer par d'autres mesures, qui ont suppléé, dans les départemens, à la publicité écartée? Cette circulaire exclusive, en opposition avec le discours du Roi, avec la Charte, et avec les promesses de M. de Villèle lui-même, ne tient-elle pas à un projet dont l'exécution n'aurait été suspendue que par la proposition de M. de Labourdonnaye, ou par toute autre circonstance fortuite, indépendante de la volonté de ceux qui l'ont conçue? Quel est ce projet? Voulait-on, par un travail incomplet, parvenir à ajourner encore la grande mesure, ou à un système privilégié plus dangereux que l'ajournement?

D'après les funestes résultats inhérens à la circulaire, ne faut-il pas au moins l'attribuer à une imprévoyance ou à une ignorance des lois, qui suffisent pour prouver que le Ministre, qui en est seul responsable, n'est ni habile ni nécessaire?

C'est à cette dernière conséquence que je veux essentiellement arriver; et la modestie de M. de Villèle sera forcée de la subir, sous peine de prononcer lui-même sa condamnation.

Ainsi mon écrit est utile et nécessaire,

parce que le système consacré par la circulaire, tient au système d'exclusion que j'ai été forcé de combattre dans mon ouvrage publié en 1820; et que M. de Villèle fait peser essentiellement *sur moi et sur tous les héritiers des prêtres réclus.* Mon écrit est utile et nécessaire, parce qu'il me conduira naturellement, après avoir mis le principe à l'abri de toute attaque, à m'attacher uniquement au développement des moyens de crédit dont j'ai présenté l'ensemble dans ma première partie, publiée avant-hier; mon écrit est utile et nécessaire, enfin, parce que les spectres de mes parens m'ont prescrit des ordres, et que j'ai fait serment de les exécuter. Oui, je vois encore devant moi les spectres d'un père, d'un oncle, dont les ossemens, privés de sépulture, sont dispersés dans les cloaques des septembriseurs et d'un tribunal de sang; il me répètent : « Tu as cru servir le Roi en servant de marche-pied à l'élevation de » M. de Villèle; la Providence t'a confié les » armes nécessaires pour réparer ta faute, » en prouvant que ce ministre, usé dans

» l'opinion publique, s'est rendu coupable » d'attentat à la Charte par imprévoyance, » ignorance des lois, inhabilité, on en l'o- » bligeant à poser lui-même la première » pierre des lois sur la responsabilité. C'est » ainsi que tu serviras Charles X, en éclai- » rant sa religion; c'est ainsi que tu prou- » veras à tous que jamais tu ne fus l'agent » secret d'un ingrat qui te doit tout, à qui » tu ne dois rien, et qui, à l'exemple de » Machiavel, croit pouvoir te briser en te » laissant avilir. » Mânes sacrés, je le jure ! » vos ordres seront exécutés.... J'entre en matière.

J'ai dit, dans mon premier avis, que l'exclusion sortant de la circulaire s'étendrait, par une conséquence invincible, à tous les émigrés rayés ou éliminés avant la restauration; c'est ce que je prouverai en retraçant les lois sur la matière. Je prouverai ensuite que l'exécution de la circulaire ne pouvait avoir pour résultat que d'ajourner encore indéfiniment l'acte de justice et de politique qui doit fermer les *dernières plaies de la révolution*, *et de réduire les impôts*, ou de faire signaler la fin d'un règne par une mesure inconstitutionnelle, injuste, barbare, et d'autant plus impolitique, qu'elle serait parcimonieuse ; par une mesure contraire à la foi jurée par Louis XVIII, aux dispositions de la Charte sur le droit acquis, aux délibérations des Chambres, à l'opinion de M. de Bergasse et de tous les publicistes, et aux promesses solennelles de M. de Villèle lui-même ; par une mesure qui, étouffant dans son berceau le grand œuvre de réconciliation générale que doit produire la mesure d'indemnité, diviserait même ceux que le malheur a unis, et serait plus mal conçue que les bills d'Écosse, en 1689. Après avoir établi le corps du délit, je viendrai aux questions d'excuse que d'avance j'ai admises.

Lois et décrets. Il est constant que les biens de tous les malheureux Français *de l'intérieur*, victimes de la tyrannie de Robespierre, n'ont momentanément été confisqués et vendus en partie, qu'en vertu des lois rendues contre les Français qui avaient quitté le sol de la France, et qualifiés d'émigrés. Après le 9 thermidor, les Français *de l'intérieur,* victimes du règne de la terreur, n'oublièrent point leurs malheureux compagnons d'infortune, victimes, *à l'extérieur,* de décrets régicides et spoliateurs. Le décret de juin 1795 (22 prairial an II), qui restitua aux familles des condamnés leurs biens confisqués et *invendus,* en leur garantissant le remboursement du prix des biens légalement vendus, et une action en nullité pour les ventes illégales, fut, par une disposition expresse, déclaré applicable aux Français considérés *comme émigrés,* rayés ou à radier de la fatale liste. Les dispositions du même décret furent étendues par celui de novembre 1795 (22 fructidor an III), aux prêtres reclus et à leurs familles, c'est-à-dire, aux prêtres insermentés, que leur âge et leurs infirmités avaient exceptés de la déportation, et dont les biens avaient été confisqués, parce qu'ils avaient été assimilés aux émigrés.

Les constitutions du directoire et du dernier gouvernement, en garantissant les ventes des biens nationaux légalement faites, garantirent en même temps une indemnité aux tiers dépossédés, sans préjudice d'une action en nullité pour les ventes illégales. Les dispositions concernant tous ceux compris dans les actes antérieurs, et dont les biens avaient été vendus comme nationaux, devinrent applicables à tous les émigrés qui furent postérieurement amnistiés et éliminés. Mais le principe d'indemnité n'a jamais reçu son application; aucun décret n'en a réglé le mode. Les gouvernemens antérieurs à la restauration ont violé la foi jurée. C'est ce qui a été reconnu depuis la restauration par les Chambres de 1814, ainsi que je l'ai prouvé par mes premiers écrits publiés en 1819 et 1820, que j'ai mis dans le temps sous les yeux de M. de Villèle.

Voici le résumé de la discussion qui eut lieu dans les Chambres, lorsqu'elles délibérèrent sur la loi relative à la remise aux émigrés de leurs biens invendus.

Je ferai connaître ensuite tout ce qui s'est passé jusqu'à la circulaire financière, en opposition même avec les promesses de M. de Villèle.

§. 1.... *Chambre des Députés.* (Extrait des séances des 26 octobre 1814 et jours suivans.)

M. *Prunelé* combat, comme les préopinans, l'art. 16 du projet de la commission. tendant à interdire tout espoir d'indemnité pour bien vendus. « Il faut, s'est écrié l'honorable membre, une réconciliation générale ; on ne peut y parvenir qu'en conciliant tous les intérêts. Je demande que la Chambre se livre franchement aux moyens d'opérer une transaction qui concilie les intérêts de tous ceux dont les biens sont vendus, avec les intérêts des acquéreurs de ces biens. Je vous prie, Messieurs, de ne pas considérer comme une chimère ce grand acte de justice et de politique, qui vous fera bénir par la postérité. »

Un mouvement général d'enthousiasme prouve que la Chambre partage l'opinion de l'honorable orateur.

Toutes les séances relatives à la discussion générale sur la loi concernant les émigrés, présentent le même résultat. La dernière, sur la discussion par articles, offre un nouveau degré d'intérêt.

M. le maréchal-de-camp Augier avait demandé par amendement, que les dispositions du projet ministériel fussent déclarées applicables aux héritiers des malheureux condamnés par le tribunal de-sang de Robespierre.

MM. *Dumolard*, *Silvestre de Sacy* et *Bedoch*, plaident aussi avec chaleur la cause de ces intéressantes victimes de la révolution. « Mais ce serait, disent-ils, leur porter préjudice que d'adopter l'amendement proposé, parce que les héritiers de condamnés et déportés ont des droits particuliers en vertu des lois de la convention nationale, qui leur ont assuré, non-seulement la restitution des biens injustement confisqués et invendus, mais encore le paiement du prix des biens légalement aliénés. Les gouvernemens antérieurs à la restauration ont négligé de remplir les engagemens relatifs à l'indemnité due pour les biens vendus ; ces engagemens sont sacrés aux termes de la Charte. On s'occupera dans un autre moment des moyens de les acquitter ; une disposition législative sur cette matière ne peut être introduite par forme d'amendement, dans la loi actuelle.

Tels furent les motifs développés par MM. Dumolard, Silvestre de Sacy et Bedoch ; ils furent adoptés ; et la Chambre, en déclarant qu'il n'y avait pas lieu de délibérer quant à présent, sur un amendement proposé dans l'intérêt des héritiers des condamnés et des prêtres reclus, déportés, jugea qu'ils avaient des droits incontestables à une indemnité pour biens vendus.

MM. *Bedoch* et *Dumolard* qui firent valoir ces droits, avaient, l'un, proposé, en qualité de rapporteur, l'article portant qu'il ne serait accordé aucune indemnité aux émigrés dont les biens avaient été aliénés, et M. Dumolard l'avait appuyé.

On passa de suite à la délibération sur cet article.

M. le marquis de *Fourquevaux* (descendant du célèbre Beccaria, et parent de

M. de Fontanes) avait combattu cet article dans la séance du 28 octobre, et proposé un système d'indemnité qui avait particulièrement fixé l'attention de l'assemblée. Il prend la parole pour ajouter aux raisons déjà développées, que le projet de la commission porte sans exception ni réserve, qu'il ne sera dans aucun temps, et sous aucun prétexte, accordé aucune indemnité pour biens vendus; qu'ainsi le projet est inconstitutionnel, en ce qu'il détruit les droits des *héritiers des condamnés et des prêtres déportés et reclus, et des prévenus d'émigration rayés et éliminés avant la restauration*, droits que la Charte n'a pu renverser et qu'elle a respectés, droits résultant des décrets de la convention nationale et des actes de ses comités, des lois et actes proclamés sous le directoire, et de la constitution du dernier gouvernement, qui n'a validé que les ventes *légalement* faites des biens dits nationaux, *sauf l'indemnité en faveur des propriétaires dépossédés.*

MM. *Dumolard* et *Bedoch* répondent

que l'honorable préopinant aurait dû voir, par la délibération sur l'amendement de M. le maréchal-de-camp Augier, que le projet de la commission ne porterait aucun préjudice aux droits des héritiers des condamnés et déportés, et qu'on s'occuperait dans un autre moment du mode d'indemnité qui leur est due pour biens vendus.

M. *Bedoch* ajoute, que la constitution du dernier gouvernement ne concernait que les prévenus d'émigration rayés et éliminés, et qu'elle ne pouvait être appliquée aux émigrés compris dans le projet de loi.

Ainsi ceux-là même qui s'opposaient à ce qu'on accordât une indemnité pour biens vendus, restreignaient leur proposition aux émigrés rentrés avec le Roi; ils reconnaissaient les droits à une indemnité de tous ceux qui avaient été frappés par des lois révolutionnaires révoquées avant la Charte, ou par une fausse application de ces lois. Il n'existait de difficulté en 1814 que sur l'indemnité reclamée en faveur des émigrés non rayés ou éliminés avant la restauration.

M. *Lainé*, président de la Chambre,

usant des droits consacrés par le règlement, se fit remplacer au fauteuil, et parut à la tribune pour appuyer l'opinion de M. le marquis de Fourquevaux, et de tous les orateurs qui avaient demandé le rejet de l'art. 16 du projet amendé. Son éloquent discours, que nous regrettons de ne pouvoir retracer, produisit une impression qu'il nous serait impossible de décrire. L'honorable membre entraîna même la plupart de ceux qui penchaient pour l'art. 16 ; et cet article fut rejeté à la presque unanimité.

On avait proposé des articles additionnels pour encourager les arrangemens volontaires entre les anciens et les nouveaux propriétaires, et pour déterminer à l'instant le mode d'indemnité. Ils furent écartés par des motifs de forme, pris de ce que les uns ne pouvaient faire la matière d'une loi et rentraient dans le domaine des ordonnances ; et de ce que les autres, sortant de la théorie des amendemens, devaient être l'objet d'une proposition spéciale.

M. le marquis de Fourquevaux déposa, en conséquence, sa proposision tendant à indemniser les propriétaires de biens vendus, au moyen d'une somme annuelle, payable par le Trésor, et qui serait déterminée dans le budjet de 1815, d'après le revenu desdits biens. Cette proposition fut prise en considération.

Conséquence. Il résulte de ces faits ; 1°. que tout système privilégié qui aurait pour objet d'exclure de l'indemnité les héritiers des condamnés, et des prêtres reclus et déportés, exclurait de droit ceux qui n'ont que les mêmes droits, d'après les mêmes lois ; c'est-à-dire, les vendéens et autres émigrés amnistiés, rayés ou éliminés avant la Charte. Le système privilégié d'indemnité exclurait, dès-lors, tous ceux qui ont des droits acquis, et ne favoriserait que les émigrés non rayés ni éliminés avant la restauration ; c'est-à-dire les émigrés rentrés avec le Roi, dont les droits à une indemnité ont seuls donné lieu, en 1814, à l'art. 16 de la commission, rejeté ; un pareil système privilégié serait en opposition : 1°. avec les dispositions de la Charte sur les droits acquis, et conséquemment avec les promesses de Louis XVIII et Charles X ; 2.° avec la délibération prise par la Chambre des Députés en 1814, et sanctionnée par le Roi. Venons à la Chambre des Pairs.

§ II. *Chambre des Pairs. — Discussion et délibération sur la résolution de la Chambre des Députés précitée, et sur le principe d'indemnité pour biens vendus.* Nous venons de prouver que la Chambre des Députés avait repoussé avec enthousiasme l'article tendant à interdire aux anciens propriétaires de biens vendus, tout espoir d'indemnité. Ce rejet ne suffit pas, dans la Chambre haute, pour colorer l'insuffisance du projet de loi. On trouva souverainement injuste, contraire aux intérêts de l'état et des acquéreurs, de rendre tout aux uns et rien aux autres ; de faire dépendre la justice *d'un hasard malheureux.*

« J'ai témoigné les regrets, dit un illus» tre guerrier, dépositaire de l'oriflamme » sacré, *Honneur et Patrie* (M. le maré» chal Macdonald), j'ai témoigné mes regrets » quej e renouvelle ici, de ce que le projet

» de loi ne présentât pas des ressources plus » étendues à un si grand nombre d'infortu- » nés; on n'y retrouve pas le caractère propre » *à effacer les traces de ces grands déchi-* » *remens qui ont ébranlé la société dans* » *ses fondemens, déplacé les propriétés,* » *disséminé les familles, et altéré jusqu'à* » *ce sentiment d'aménité, de confiance et* » *d'abandon chevaleresque qui caractéri-* » *se une grande nation.* J'ai exprimé le » vœu adopté par la commission, et si bien » développé par M. le comte Pastoret, que » le Roi fût supplié de proposer les moyens » les plus propres et les plus sûrs, qu'il » avisera dans sa haute sagesse, de concilier » avec l'intérêt des finances, *un système* » *général d'indemnités.* »

M. le Maréchal fait observer que le projet de loi n'est favorable, d'après la nature des biens conservés par le domaine, *qu'aux grandes familles;* qu'il serait d'autant plus injuste, d'autant plus impolitique de rendre celles dont les biens sont vendus, victimes d'un hasard malheureux, que ces familles pouvaient réclamer l'application des premières lois rendues en leur faveur. « Mais, » dit l'illustre maréchal, il eût fallu dé- » serter la cause du malheur. Les punira- » t-on de s'y être refusés? Non, Messieurs, » la générosité nationale sera proportion- » née à nos désastres; elle sera immense » comme eux, et n'aura d'autres bornes » que nos facultés; j'en ai la confiance; » j'ai besoin de l'avoir. Si, comme je le » pense, nous sommes tous pressés par le » même sentiment, la session actuelle ne » s'écoulera pas sans que ce grand œuvre » de justice et de politique ne soit con- » sommé. Serait-il vrai que des motifs si » puissans, ceux *d'une pacification géné-* » *rale de tous les Français*, fût un in- » stant balancée dans vos esprits par la con- » sidération de la dépense d'indemnité ? »

Ici M. le maréchal annonce que cette dépense sera loin d'être une charge pour les contribuables; c'est ce que l'honorable Pair a prouvé, en développant postérieurement la proposition dont nous allons rendre compte.

Extrait de la proposition de M. le maréchal Macdonald, sur le principe d'indemnité pour biens vendus.

Exposé des motifs. — M. le Maréchal développe les motifs qu'il avait précisés dans son premier discours, pour démontrer que la mesure d'indemnité était constitutionnelle, juste, politique, nécessaire, conforme aux intérêts de l'état et des détenteurs eux-mêmes.

L'honorable Pair ajoute les calculs suivans :

Nombre des acquéreurs originaires de biens nationaux. . . . . 1,055,889.

En attribuant à chaque acquéreur originaire une famille de trois personnes, il y a 3,167,667 individus intéressés aux premières ventes. En triplant ce nombre à raison des mutations et partages pendant vingt-cinq ans, M. le Maréchal pense que le nombre des individus intéressés au maintien des ventes nationales, s'élève à 9,330,000.

M. *le Maréchal* trouve dans ces calculs une nouvelle occasion de rendre hommage à l'auteur de la Charte, qui a déclaré toute les propriétés inviolables, sans exceptio de celles qu'on appelle nationales, « à cett » charte qui nous réunit dans cette enceinte » (s'écrie l'honorable Pair), et pour la » quelle nous serions encore forcés de com » battre, si le Roi, en la datant de la 19. » année de son règne, n'avait point ressais » tous ses droits, dicté nos devoirs, com » mandé nos sacrifices, et mis le passé sou » la main de la justice. »

M. le Maréchal arrive aux moyens de faire face aux dépenses d'indemnité.

« Je crois avoir démontré, dit l'hono- » rable Pair, qu'*un système général d'in- » demnités* est juste et nécessaire ».

« Il me reste à démontrer que cette in- » demnité, sur celle de douze millions et » au-delà, en y comprenant les dotations » de 500 à 2,000 francs, ne doit être une » charge annuelle ni pour le trésor, ni pour » les contribuables ». (Nous ferons connaî- tre les calculs faits depuis 1814).

« J'invoque, poursuit l'illustre Pair, à » l'appui de ma proposition, *l'opinion pu*

» *bliée par M. le comte Garnier sur le » budjet »*, *opinion à laquelle M. le Ministre des Finances* a donné de si justes éloges. *Il évalue à* 90 *millions les produits d'enregistrement*, et dans cette évaluation il fait entrer les droits perçus sur les domaines nationaux pour un tiers.

Il ajoute « *que les mutations de ces biens, totalement paralysées* par des inquiétudes séditieuses, *privent le trésor de cette branche de revenus.*

» Donc, en faisant disparaître ces inquiétudes, 30 *millions seront rendus au trésor;* donc en les laissant subsister, au moins une partie mobile de ces 30 millions est à jamais perdue par le trésor (1).

» Qui ne sait que les droits se perçoivent en raison du prix des immeubles! *Non-seulement ils ont cessé d'être dans le commerce, mais ils ont perdu la moitié de leur valeur dans les partages; ils n'en ont plus aucune dans les transactions hypothécaires »*.

---

(1) Je fortifierai ces calculs par mon écrit sous presse.

(*Nota.* Cet état de choses n'a pas changé, puisque M. Roy, dans son rapport en 1821, sur le budjet, a dit que le produit des ventes avait diminué de deux millions. Nous prouverons, par l'écrit sous presse, qu'il n'y a qu'un cent quarante-quatrième environ des biens immeubles du royaume qui passe dans le commerce).

« Si ce déplorable état de choses continuait, *les capitaux de la France seraient atteints de la plus effrayante dégradation.*

» Je crois, Messieurs, vous avoir démontré que si les anciens propriétaires retrouvent, sinon leur fortune, au moins quelqu'aisance les nouveaux reprennent toute leur sécurité ».

(*Nota.* Par mes moyens de crédit ils ne perdront que les fruits, et les contribuables éprouveront le soulagement indiqué dans mon écrit : LA FIN DE LA TOUR D'UGOLIN, page 30).

La paix, l'union, régnant donc entre eux, tous les Français pourront être rendus à la patrie. Nous n'aurons pas la douleur de penser que quelques-uns d'entr'eux, notamment le vainqueur de Jemmapes, imposent encore à regret la charge de leurs derniers jours, au peuple rival dont notre histoire reconnaissante consacre l'hospitalité généreuse (1) ».

M. le Maréchal termine son exposé en proposant un projet d'adresse au Roi, pour supplier S. M. : 1.° « d'ordonner à ses mi-
» nistres un travail tendant à déterminer la
» valeur fixe, en capital et revenus, *de tous*
» *les biens vendus par suite de confiscation,*
» *le montant des créances liquidées sur les*
» *anciens propriétaires de ces biens,* et le
» montant des dotations non éteintes, qui
» n'excèdent pas 2000 francs, d'après les
» décrets d'affectation ;

» 2.° De faire régler par ses ministres,
» d'après le résultat de ce travail, la somme
» à constituer en rentes sur l'état, soit pour
» remplacer les dotations, soit pour assigner

(1) Le vœu de l'illustre maréchal n'a pu être réalisé ; le général *Dumouriez* a imposé, à regret, le charge de ses derniers jours, au peuple rival dont l'histoire reconnaissante consacre l'hospitalité généreuse.

» aux anciens propriétaires des biens vendus par suite de confiscations, une indemnité équivalente à deux et demi pour cent du capital des biens en 1790, en les laissant passibles des droits de leurs créanciers non liquidés, ou un tiers du revenu à la même époque, en réduisant au même taux leurs créanciers non liquidés (nous discuterons ce mode, dans l'écrit sous presse);

» 3.° De faire examiner s'il ne serait pas possible, sans nuire à aucune partie du service, et par le seul effet d'économies et de prélévemens, d'affecter, en tout ou en partie, au service de ces rentes, quelque branche actuelle du revenu public; (nous remplirons ce vœu par l'écrit sous presse);

» 4.° De présenter, dans le cours de la prochaine session, les mesures législatives que pourrait exiger l'accomplissement de ces dispositions ».

Observations. Il est des mesures si justes, si politiques, qu'il suffit de les énoncer pour porter la conviction dans tous les cœurs, lorsque le jugement n'est pas obscurci, et le sentiment étouffé par l'égoïsme, l'orgueil d'opinion, l'esprit d'agiot, la cupidité, l'intérêt personnel, l'envie et l'esprit de parti. Aussi la proposition de M. le maréchal duc de Tarente, tendant à unir par un système général d'indemnités, le courage malheureux, victime des hasards de la guerre, et la malheureuse fidélité, victime d'une devise spoliatrice; cette proposition si juste, si politique, si digne de l'un des descendans des intrépides Écossais fidèles au malheureux *Jacques II*, produisit un tel enthousiasme que, contre l'usage, l'honorable Pair fut interrompu à plusieurs reprises par des battemens de mains.

La proposition fut prise à l'unanimité en considération, aux cris de *Vive le Roi!*

Conséquence. — Un système partiel, privilégié, d'indemnités en faveur des émigrés serait en opposition, non-seulement avec les dispositions de la Charte sur les droits acquis, avec la foi jurée par *Louis XVIII et Charles X*; avec les délibérations des Chambres, qui ont embrassé, *par le sys-*

tème général d'indemnités dont elles ont consacré le principe en 1814, *tous les biens vendus par suite de confiscations* révolutionnaires, mais encore avec les principes et les grands résultats politiques développés par M. le maréchal duc de Tarente, dans l'intérêt de la monarchie et de la paix publique; dans l'intérêt des petites familles qui seraient exclues par un système privilégié d'indemnités, et dans l'intérêt des grandes familles elles-mêmes, déjà exclusivement favorisées par la loi de 1814, suivant le discours de l'illustre Maréchal; dans l'intérêt des contribuables qui seraient frustrés des 30 millions exprimés dans le même discours, et dans l'intérêt des 9,930,000 Français intéressés, suivant ce discours, à voir cesser les inquiétudes qui privent les contribuables de ces 30 millions

M. *Roy*, ancien Ministre des Finances, en faisant décréter en 1822 une indemnité en faveur des militaires dotés seulement, a préparé, s'il l'a retardé, l'accomplissement du grand œuvre de réconciliation générale, dont les Chambres ont posé la base en 1814. Mais un système privilégié d'indemnités sortant, comme l'effet de la cause, de l'*innocente* circulaire qui exclut les petites familles de *l'intérieur,* en les punissant de n'avoir pas déserté la cause des grandes infortunes; ce système ébranlerait l'édifice de la reconciliation générale jusque dans ses fondemens, en divisant à jamais ceux que le même malheur a unis jusqu'ici par des liens indissolubles, en outrageant, humiliant la dignité de l'homme, l'honneur national, le caractère français; en faisant dire par les petits de l'intérieur exclus, *à M. de Villèle,* par exemple, s'il se trouvait (supposition que je crois gratuite) dans la classe des grandes infortunes qui seraient exclusivement favorisées par le système privilégié : « *Le » sang d'un grenadier de la garde nationale de Paris, massacré par le tribunal » révolutionnaire, et dont la famille, en » attendant l'indemnité pour ses biens » vendus, n'avait qu'une petite rente que » vous avez voulu réduire ; le sang de » tous les militaires, de tous les Français*

» *qui se trouvent dans le même cas, est-*
» *il donc si vil!* » Voilà les premières conséquences de la circulaire *innocente.*

Je reviendrai sur ces grandes vérités, après avoir retracé les faits qui les corroborent.

» § 3. Faits postérieurs à la délibération
» de la Chambre des Pairs, sur le système
» général d'indemnités, jusqu'à la circu-
» laire *financière*, du 1.er juin 1824, dont
» l'interprétation conduit à un *système par-*
» *tiel d'indemnité*, en opposition avec le
» discours du Roi Louis XVIII, avec la
» réponse des Chambres, avec leurs délibé-
» rations postérieures, et même avec les
» promesses de M. *de Villèle*, avant et
» après la circulaire.

Chacun s'empressait à l'envi de développer le principe du système général d'indemnités, consacré par la Chambre des Députés, et ensuite par la Chambre des Pairs, sur la proposition de M. le maréchal duc de Tarente.

La voix publique avait répondu à celle du Guerrier qui, après avoir moissonné dans les champs de la gloire, s'attachait si efficacement à consolider la paix intérieure et asseoir la dynastie légitime sur des bases inébranlables. — Les acquéreurs nationaux eux-mêmes pressaient l'application d'une mesure qui leur était si favorable. — Le 20 mars ajourna indéfiniment cette grande mesure, ce grand œuvre de félicité publique.

Depuis cette époque, M. *Fouché*, à qui on ne peut refuser la connaissance profonde de l'esprit public en France, proclama, dans un mémoire, que l'abîme des révolutions ne serait fermé, que lorsque les ministres du Roi auraient la courageuse probité d'en fermer les dernières plaies par un système général d'indemnités, en faveur de tous ceux qui ont perdu des biens par des ventes nationales, en vertu des lois sur la confiscation.

En 1815, le système général d'indemnités fut provoqué, même par les créanciers d'émigrés et par les acquéreurs nationaux.

C'est ce qui résulte du fait peu connu dont j'ai pris note dans le temps.

M. *de Bourienne*, membre du côté droit de la Chambre introuvable, fut excité par des membres du côté gauche à développer une proposition conforme au principe consacré en 1814, par la Chambre haute.

M. de Bourienne n'y renonça que parce que *des membres du côté droit*, émigrés, s'y opposèrent par des motifs de délicatesse auxquels je rends publiquement hommage, parce que leur conduite, soit à cette époque, soit lorsqu'ils ont répudié les 28 millions d'économie sur les rentiers qu'on répandait devoir servir à leur indemnité, me garantit qu'ils auraient déjà répudié avec la même énergie, avec la même noblesse de sentimens, le bénéfice d'un système partiel d'indemnités, si M. *de Villèle* n'eût pas gardé le silence sur sa mystérieuse circulaire à l'époque de la proposition de M. de la Bourdonnaye.

M. *Camille Jordan* (du côté gauche) a professé hautement *qu'une indemnité était due à tous les dépouillés.*

M. *le comte Corvetto*, Ministre des Finances, devait présenter un projet en faveur de tous les dépouillés ; il disait souvent : *établissemens religieux et indemnité aux dépouillés ; sans cela vous bâtissez sur le sable*, (*voyez* la preuve plus bas). M. le comte Corvetto cessa d'être ministre.

En 1819, on rappella dans quelques journaux la proposition de M. le maréchal duc de Tarente.

M. de *Chateaubriand*, dans la 58e livraison du Conservateur, reprit cette proposition en ces termes, que M. *de Villèle n'aurait dû jamais perdre de vue.*

» Une autre mesure si importante serait » encore prise par l'administration royaliste. Le premier soin de cette administration serait de demander aux Chambres, tant *dans l'intérêt des acquéreurs* » que dans celui des anciens propriétaires, » *une juste indemnité* pour les familles qui » ont perdu leurs biens dans le cours de la » révolution. Les deux espèces de propriétés » qui existent parmi nous, et qui créent » pour ainsi dire deux peuples sur le même » sol, sont la grande plaie de la France. » Pour la guérir, les royalistes n'auraient » que le mérite de faire revivre la proposi-

» tion de M. le maréchal Macdonald ; on » apprend tout dans les camps Français ; » la justice donne la gloire. »

Cette opinion qui dit tout en peu de mots et suffit pour pulvériser le système partiel d'indemnités, consacré par la circulaire fiscale ou financière du 1.er juin 1824 ; cette opinion de M. de Chateaubriand, dis-je, fut adressée par le Journal des Débats à tous ses abonnés ; toute la France applaudit à la mesure générale proposée, à l'exception de deux journaux, le Constitutionnel et le Courrier, qui changeront d'avis, je l'espère, pour défendre les Français de l'intérieur, qui seraient exclus par le système privilégié de la circulaire.

M. de la Rochefoucault, Pair de France, fit insérer, dans le Journal des Débats, une réponse qui réduisit au silence les antagonistes du système général d'indemnités, si éloquemment défendu par M. de *Chateaubriand.*

J'avais alors cherché à concilier les opinions, en prouvant que l'opération financière d'indemnité fournirait les moyens de couvrir la dépense, avec un bénéfice considérable pour le trésor et les contribuables ; je publiai (en 1819) mon premier opuscule intitulé : *Moyens de crédit*, renfermant l'idée mère du travail perfectionné auquel M. Bergasse s'est reféré depuis (en 1821) dans son livre immortel *Essai sur la Propriété.*

Dans mon second opuscule publié en 1820, je répondis victorieusement par une série de principes et de faits, que M. de Villèle aurait pu graver dans sa mémoire, à tous les sophismes tendant à exclure, par un système privilégié d'indemnités, les héritiers des condamnés, et des prêtres reclus et déportés. (1).

---

(1) Je pris la liberté de faire hommage, au Roi et aux Princes, de mes opuscules et de les comprendre au nombre des ouvrages offerts aux Chambres ; Je les adressai à plusieurs hommes d'État, et à M. de Villèle qui n'était alors que Député, et à qui je donnais chaque jour des preuves de mon dévouement désintéressé.

Les Princes daignèrent me faire transmettre une réponse obligeante ; M. de Villèle garda seul envers moi un silence obstiné dont je fus

Le 20 juin 1820, un Pair de France dont le nom se rattache aux plus tristes et aux plus glorieux souvenirs, M. de *Lally-Tolendal*, trouva l'occasion, en développant son éloquente proposition en faveur des colons, de plaider incidemment avec la même éloquence la cause des malheureux Français victimes d'une devise régicide et spoliatrice. L'honorable Pair, après avoir cité la proposition d'un *illustre Maréchal* et le projet conçu par *un Ministre religieux des finances*, s'exprime ainsi dans ses notes, faisant partie du discours imprimé par ordre de la Chambre haute :

« *L'illustre Maréchal* cité pour avoir le premier, dès 1814, réclamé une indemnité en faveur *des familles victimes de la honteuse spoliation*, est le maréchal Macdonald, à qui la France a dû tant de gloire dans ses guerres et tant de sécurité dans sa paix. »

» *Le ministre religieux des Finances*,

étonné autant que de celui qu'il a gardé dans toutes les discussions qui eurent lieu ensuite sur le système général d'indemnités.

qui non-seulement a formé le même vœu, mais *l'eût réalisé, s'il n'eût tenu qu'à lui*, est le comte de Corvetto, que j'ai entendu cent fois répéter ces paroles si dignes de son âme et de sa raison : *Établissemens religieux et indemnité aux dépouillés ; sans cela vous bâtissez sur le sable.* Son plan était fait. Je l'ai vu. Il devait s'établir graduellement pendant trois années. La quatrième on n'aurait plus lu sur aucune affiche : *Bien patrimonial. Personne n'eût été dépossédé.* Personne n'eût gardé ni remords, ni inquiétudes, ni prétentions. *Tous les propriétaires l'eussent été au même titre. Toutes les propriétés eussent été rendues au mouvement de la circulation :* il y en a tant de stagnantes aujourd'hui ! Le corps de l'état se fût fortifié de la nourriture rendue à ses membres. L'enregistrement se fût accru chaque jour, et il est menacé de perdre bien plus que les indemnisés n'eussent reçu. — Le comte de Corvetto n'a plus été ministre. »

» Enfin *l'éloquent et intègre Député*, qui a professé non moins positivement, non moins solennellement, *l'indemnité due aux dépouillés*, est M. Camille Jordan, l'auteur de cette superbe adresse aux Lyonnais contre le fameux attentat du 18 *fructidor* ; non moins royaliste que citoyen, et non moins citoyen que royalist ; qui, au milieu d'opinions tant controversées, n'a pas eu un seul sentiment, une seule intention dont il ne pût s'honorer ; qui récemment a rendu un grand service, en offrant, le premier, l'idée d'un amendement qu'un de ses collégues devait perfectionner, pour en faire sortir la paix publique. Il n'a pas toujours été suffisamment instruit, par conséquent suffisamment juste pour les *émigrés français*. Il a prouvé d'autant plus leurs droits et son intégrité, quand il a dit qu'*indemnité leur étoit due.* »

Observations, Conséquence.

« *Établissement religieux, indemnité*
» *pour tous les dépouillés, sans cela vous*
» *bâtissez sur le sable. Indemnité* pour
» tous les dépouillés, afin qu'on lise par-
» toút : *Bien patrimonial;* que personne

» ne conserve ni inquiétudes ni préten-
» tions ; *que toutes les propriétés stagnantes*
» *rentrent dans la circulation et enri-*
» *chissent le fisc,* pour le soulagement des
» contribuables ». — Ces grandes pensées, fortifiant les antécédens, détruisent seules de fond en comble tout le système privilégié d'indemnité. La justice imparfaite produit de plus funestes résultats que l'injustice envers tous, parce qu'elle engendre l'exaspération, en faisant dire à la masse des exclus : *Ici pour nous plus d'espérance.* Un système privilégié, en opposition avec la Charte jurée par Louis XVIII et Charles X, exhumerait des fondemens de la restauration les souvenirs éteints de la révolution, en humiliant la dignité de l'homme, l'honneur national, et retracerait au cœur attristé les causes de grandes infortunes. — Avec un système privilégié d'indemnités, on continuerait de lire sur les affiches : *Bien national ;* les propriétés stagnantes, soumises à l'indemnité privilégiée, ne rentreraient pas elles-mêmes dans la circulation ; le capitaliste lui-même crain-

drait une méprise, et conserverait des inquiétudes; les contribuables eux-mêmes perdraient jusqu'à l'espoir du soulagement qui doit invinciblement jaillir, comme l'effet de la cause, du *système général d'indemnités.*

D'autres considérations naissent de l'opinion en faveur des émigrés, de M. *Camille Jordan, auteur de l'adresse royaliste des Lyonnais au* 18 *fructidor,* et qui depuis la restauration a figuré au nombre des députés de la gauche les plus zélés pour la défense de la charte que *Charles X a juré de maintenir;* pourquoi *M. Camille Jordan, qui ne fut pas toujours juste envers les émigrés,* suivant l'aveu de M. Lally-Tollendal, a-t il dit *qu'indemnité leur était due?* Pourquoi n'a-t il pas ajouté: *exclusivement?* Parce que son génie avait embrassé toute la pensée de M. *le comte Corvetto : Indemnité pour tous les dépouillés; sans cela vous bâtissez sur le sable;* parce que le système général d'indemnités devait asseoir sur le roc les dispositions de la charte sur les droits acquis, qu'elle consacre, non-seulement en faveur des nouveaux intérêts, mais encore en faveur de ces Lyonnais victimes de la vengeance d'un histrion (Collot-d'Herbois), et ayant droit à une indemnité pour biens vendus, d'après les actes antérieurs à la restauration; *de ces Lyonnais* mitraillés, dont les spectres sortiraient de leurs tombeaux pour dire à M. de Villèle, s'il n'avait point *innocemment* dicté la circulaire privilégiée :

« Quoi ! après avoir menacé l'existence de ceux de nos descendans qui sont petits rentiers, vous avez tenté de les déshériter tous du bénéfice de la charte ! et pourquoi ? etc. Notre sang qui a coulé à grands flots pour la monarchie dans les murs de Lyon mis hors la loi, tandis que le sang de nos enfans était versé pour la défense de la patrie; tout ce sang, le sang de tous les Lyonnais mitraillés est-il donc si vil ? »

Nobles émigrés, fidèles et malheureux serviteurs du Roi, que j'ai défendus *avec une persévérance qu'aucun obstacle n'a pu ralentir*, pendant que M. de Villèle a gardé constamment, en qualité de député et pendant trois ans, depuis qu'il est parvenu au faîte où, de concert avec vous, j'ai cherché à le placer, le silence le plus obstiné, vous tous, croisés fidèles, je lis dans vos cœurs, ou plutôt je suis votre interprète, vous repousseriez le privilège d'indemnité consacré par l'*innocente* circulaire, avec l'énergie qui vous a fait répudier les millions que M. de Villèle voulait arracher à la misère même des petits rentiers, puisqu'il s'est opposé à tout ce qui pouvait améliorer à leur égard le projet rejeté.

Reprenons la série des faits.

Comment est-il possible que les grandes pensées de M. *le comte Corvetto* n'aient pas saisi le génie financier de M. *de Villèle* dès son avénement au ministère des finances, et qu'il n'ait songé qu'en 1824 à se procurer des renseignemens qu'il pouvait réclamer dès 1821, lorsque ces grandes pensées, gravées dans le cœur de M. *de Corbière*, ont, en 1820, été développées par l'honorable député, pour repousser l'opinion de M. le général Foy, contre l'article de M. Châteaubriand que j'ai cité plus haut?

M. *de Corbière* ne songea pas même à un système privilégié d'indemnités en faveur des émigrés; il embrassa, dans sa défense religieuse et politique, tous les intérêts liés *au système général d'indemnités* consacré par la proposition adoptée par M. *le général Macdonald*, et confirmé par l'opinion colossale de M. *de Châteaubriand*. Aussi M. *le général Foy*, convaincu que nul n'avait dans le cœur l'idée d'un système privilégié d'indemnités, imita, par sa noble franchise, M. *Camille Jordan*. M. le général improvisa, suivant son usage, une éloquente réponse qui l'honora aux yeux de tous (1).

(1) Je remarquai, tout le monde remarqua, que la tribune attendit vainement, dans cette discussion et dans toutes celles relatives aux dépouillés, M. de Villele, toujours pétillant pour la saisir, et m'envoyer d'avance ses discours que par mon influence, en qualité de redacteur des séances, je faisais insérer dans tous les journaux de Droite et de Gauche, en arrangeant la partie dramatique, de manière à

Je publiai en 1821 mon troisième opuscule, où je dis : « Je démontrerai par un ta-
» bleau appuyé sur les budgets des Ministres
» et des commissions financières, sur les
» rapports des commissions des Chambres
» et la discussion de la loi des finances,
» que l'opération financière d'indemnité est
» un moyen de crédit si précieux, qu'en
» le liant à la caisse d'amortissement, cette
» caisse prêtant d'une main, se rembour-
» sant de l'autre, éteindra en peu d'années
» la dette d'indemnité, et fondera un capi-
» tal immense ; qu'en un mot l'état s'enri-
» chira et enrichira les particuliers, en
» payant une dette sacrée ; qu'en portant
» cette dépense à 25 millions de rentes, les

---

ce que M. de Villele n'eût pas à se plaindre de mon zèle ; et, pour me récompenser, il m'a laissé avilir comme son agent, et le système privilégié, résultant de la circulaire ministérielle, m'enleverait jusqu'à l'espoir de l'indemnité qui m'est due. Je suis écarté même par une double circulaire ; je défends donc mon bien, en défendant celui de mes malheureux compagnons d'infortune : je le défendrai jusqu'à la mort.

» voies et moyens s'élèveront à plus de » 40 millions par année, dont 25 au moins » proviendront d'augmentation de produits, » et le restant, de ressources qu'on peut » affecter de suite à la caisse d'amortisse- » ment pour l'indemnité, sans nuire au ser- » vice public. » (J'ai perfectionné depuis ce travail).

M. Bergasse, dans son livre : *Essai sur la propriété,* après avoir dit dans une note, que sa pensée embrassait les héritiers des condamnés, etc., se référa en ces termes à mon travail financier.

« Je dis qu'il est nécessaire que le dé- » dommagement égale la perte; car, afin » *que les biens confisqués aient dans le* » *commerce une valeur égale à celle des* » *biens patrimoniaux,* il importe que tout » se fasse ici par voie de conciliation, *c'est-* » *à-dire que l'indemnité soit telle que le* » *détenteur et le propriétaire puissent,* » *selon qu'il leur convient, opter entr'elle* » *et le bien possédé.* — On évalue à 500 mil- » lions ce qu'il faudrait rembourser de biens » vendus sur les émigrés; je crois l'évaluation

» trop forte; quoi qu'il en soit, si elle est » exacte, *au taux de cinq pour cent, ce » serait 25 millions de rente qu'il convien- » drait de restituer*. Or, ce n'est point par » un accroissement d'impôts sur la nation » qu'on doit vouloir se procurer cette somme; » la nation n'est déjà que trop grévée..... » Ainsi, point de nouvel impôt. Que faire » donc?..... Je n'entrerai ici dans aucun » détail.....

» M. Darmaing, ancien magistrat, qui, » depuis plusieurs années, ne cesse de s'oc- » cuper, avec une persévérance qu'aucun » obstacle ne ralentit, de la cause des émi- » grés; vient de me communiquer un tra- » vail qu'il publiera incessamment, où il » démontre, par des calculs incontesta- » bles, que le mode d'indemnité qu'il pro- » pose, loin d'affaiblir les produits du fisc, » en augmentera au contraire considérable- » ment la valeur, sans nuire en aucune ma- » nière au soulagement projeté des contri- » buables. Ce travail, extrêmement impor- » tant, achèvera de porter la conviction » dans tous les esprits. Il faut espérer qu'a-

» près l'avoir lu on ne se permettra plus » d'ajourner, etc. (1) ».

J'avais reconnu, dès 1821, que mes calculs, appuyés sur les tableaux spéculatifs de la commission de la caisse d'amortissement, seraient dérangés par la hausse au pair. Je remédiai à cet inconvénient, et mon nouveau plan financier ayant mérité les suffrages de financiers distingués, je pris la liberté de faire hommage au Roi et à Monsieur de mon tableau général, intitulé : *Moyens de crédit pour fermer toutes les plaies saignantes de la révolution et réduire les impôts* (2). Ces expressions me parurent les plus propres à désigner *un système général d'indemnités*, en évitant la guerre des mots.

---

(1) M. de Villèle, parvenu au ministère, *a ajourné*, sans daigner même répondre à mes lettres, par lesquelles je le pressais de faire vérifier mon travail financier.

(2) J'ai remis ce travail à M. de Villèle, ministre des finances, qui s'est laissé surprendre, en 1824, par la hausse que j'avais prévue en 1821, et qui n'a pas daigné me répondre, tandis que le Roi et les Princes, ont daigné me prouver qu'ils prenaient en considération ce même travail.

S. M. Louis XVIII et Monsieur daignèrent prendre en grande considération mon plan financier. *Sa Majesté*, conformément à ma demande, en ordonna le renvoi à un maître des requêtes du cabinet ; et *Monsieur* voulut bien me faire adresser des témoignages de sa satisfaction. On ne doit pas conclure de ces faits que le Roi et Monsieur ont approuvé mon plan; mais que *Sa Majesté et Monsieur*, toujours disposés à encourager les travaux utiles aux Français, avaient peut-être saisi ma pensée sur *un système général d'indemnités*, renfermée dans mon titre, tendant à atteindre le but en évitant la guerre des mots (1).

En 1821, 1822, 1823, M. *le marquis de Villefranche*, qui a mérité par ses services et son dévouement à la légitimité, le titre de Pair de France, et plusieurs membres de la Chambre haute et de la Chambre des Députés, ne négligèrent aucune

(1) Le discours postérieur du trône, renfermant la même pensée, dans des expressions à-peu-pres conformes, me permet cette opinion.

occasion pour rappeler le *système général d'indemnités*, d'où dépend le bonheur de la France : aucun orateur ne songea à un système privilégié.

M. de Villèle l'avait-il dans son cœur, ou n'en voulait-il d'aucune espèce? Je ne sais. Mais il est constant qu'il continua à garder un silence désespérant sur ce sujet important. M. de Villèle a prétendu depuis, qu'il avait mis en réserve 47 millions, que, sans la guerre d'Espagne, il aurait consacrés à la mesure d'indemnité ; comment aurait donc fait M. *de Villèle*, puisqu'il n'a fait recueillir, qu'en juin 1824, les renseignemens préalables sans lesquels, d'après ses aveux, il était impossible de décréter même le principe proposé par M. de Labourdonnaye ?

Intéressé à la mesure générale d'indemnité, je n'ai rien négligé pour presser M. de Villèle, et lui fournir les moyens de hâter l'adoption du principe et son application. Le 19 octobre 1823, j'écrivis la lettre suivante, d'autant plus importante qu'elle renferme des calculs qui démontrent les avantages *d'un système général d'indemnités*; que cette lettre apostillée par M. le *baron de Puymaurin*, député, a demeuré sans réponse, bien que je l'aie rappelée le 23 avril 1824 à M. de Villèle, qui n'a pas jugé convenable de me répondre, qui a fait éprouver le même sort à deux autres lettres, des 14 et 24 mai 1824, sur le système général d'indemnités, retréci par la circulaire du 1.er juin 1824, mystérieuse pour le Roi et les Chambres.

Du 19 octobre 1823.

Lettre apostillée par M. le baron de Puymaurin, Député, à Monsieur le Conseiller d'État, directeur général de l'enregistrement et des domaines; par M. Darmaing, ancien Magistrat.

MONSIEUR LE DIRECTEUR GÉNÉRAL,

» M. de Villèle et plusieurs autres honorables députés ont daigné attester les droits que j'ai acquis à la bienveillance du Roi, par la franchise et la fermeté de mes opinions en faveur de la légitimité. Sa Majesté a pris en grande considération, il y a plus de deux ans, le plan financier que j'ai conçu pour soulager les contribuables, notamment en faisant cesser la cause efficiente qui paralyse, malgré la vigilance de l'administration, certaines branches des revenus publics indirects. J'ai perfectionné mes moyens de crédit, et pour les rendre plus dignes d'être offerts au Gouvernement du Roi, je viens vous prier de me fixer sur la question suivante :

» Le déficit qu'a occasionné le ralentissement des droits d'enregistrement, de timbre et d'hypothèque, relatifs aux domaines dits nationaux, ne doit-il pas être évalué, d'après le cours moyen des transactions sociales, à 25 millions au moins par année ? Afin de faciliter la réponse que je sollicite de votre bienveillance, je vais vous soumettre les renseignemens que j'ai recueillis. »

» 1°. M. *le maréchal duc de Tarente* s'exprimait ainsi en 1814, dans la Chambre des Pairs :

» Qui ne sait que les droits se perçoivent
» en raison du prix des immeubles ? non-seu-
» lement les domaines nationaux ont cessé

» d'être dans le commerce, mais ils ont » perdu la moitié de leur valeur dans les » partages ; ils n'en ont plus aucune dans » les transactions hypothécaires.

» Si ce déplorable état des choses conti- » nuait, les capitaux de la France seraient » atteints de la plus effrayante dégradation :

» J'invoque, poursuit l'illustre Pair, à » l'appui de ma proposition, l'opinion pu- » bliée par M. le comte Garnier, sur le bud- » jet, opinion à laquelle M. le Ministre des » Finances a donné de si justes éloges ; *il » évalue à* 90 *millions* les produits d'enre- » gistrement ; et dans cette évaluation, *il » fait entrer les droits perçus sur les do- » maines nationaux pour un tiers ;* il ajoute » que les mutations de ces biens, totalement » paralysées, privent le trésor de cette bran- » che de revenus. Donc en faisant disparaître » les inquiétudes (qui causent ce déficit) » 30 *millions seront rendus au trésor ;* » donc, en les laissant subsister, au moins » une partie mobile de ces 30 millions est » à jamais perdue pour le trésor. »

2°. Cet état de chose n'a point changé ;

si on augmente le produit total des droits, c'est en forçant le tarif. Mais le produit de ces droits, relatifs aux domaines nationaux, a diminué au lieu d'augmenter.

3°. Dans son discours du 29 mars 1821, M. *Labbey de Pompières*, député de l'Aisne, disait :

» S. E. le Ministre des Finances, dans » ses considérations générales, fait remar- » quer que les recettes de l'enregistrement » sont restées de plus de six millions au- » dessous de leur évaluation ; on ne peut » douter que cette diminution de recette » ne provienne d'un ralentissement dans les » mutations, et ne soit une preuve de l'in- » quiétude qu'on a conçue sur la solidité des » domaines nationaux ; il est tels départe- » mens où il se vendent à peine la moitié » d'un bien patrimonial de même valeur : » dans d'autres, non-seulement on ne peut » les vendre, mais on ne trouverait pas » dix mille francs à emprunter sur un bien » de cent mille francs. »

« 4°. Ainsi, depuis 1814, le mouvement de rotation des domaines nationaux, déja paralysé de manière à occasionner un déficit de 30 millions, aurait encore subi une diminution de 6 millions, représentant dans la circulation un capital de 100 millions environ.

» D'après ces premières données, le déficit à 25 millions par année serait loin d'être exagéré.

» 4°. Voici d'autres renseignemens pour apprécier ce déficit.

» Dans son rapport du 7 juin 1821, M. le comte Beugnot, au nom de la commission du budjet, se livra à des calculs pour motiver la disposition relative à la vente des broussailles, et dit :

» On évalue les droits d'enregistrement,
» de timbre et d'hypothèque, et autres, sur
» le taux moyen annuel des transactions
» auxquelles donneraient lieu par la suite
» ces propriétés divisées entre les particu-
» liers, à *moitié* de l'impôt foncier et acces-
» soire, à 14,041 fr.; (l'honorable membre
» évaluait la contribution foncière et acces-
» soires desdites broussailles à 28,082. fr.)

» Partons de cette base. La contribution

foncière et accessoires s'élevait alors dans toute la France, d'après le Budget, à 266 millions sauf fractions.

» Ainsi le produit des droits d'enregistrement, timbre, hypothèque, relatifs à tous les biens immeubles de la France, devrait, d'après le taux moyen annuel des transactions, se porter à *la moitié* de 266 millions ou 133 *millions.* — « Je n'ai pu connaître au juste le produit de ces droits, parce qu'ils se trouvent cumulés dans le budget avec le produit des coupes de bois, etc. etc. » (1).

J'ai découvert depuis, par les comptes de 1822 et 1823, 1.° que les droits d'hypotheque se portant sous le directoire à 8 millions, n'ont produit, depuis 1814 jusques y compris 1821, que 1,200 mille francs, terme moyen; en 1822, 1,161,857 f. 45 c.; et en 1823, 1,557,260 f. 49 c. 2.° tous les actes publics, (comprenant les mutations relatives aux domaines patrimoniaux et nationaux, et toutes autres transactions sociales) ont produit en 1822, 68,967,836 f. 86 c.; et en 1823, 68,248,194 f. 47 c. Il est donc facile de calculer en rapprochant ces faits des données ci-dessus, que le système général

— »Mais c'est à l'occasion de ce même budget de 1819, que M. le Ministre des Finances se plaignait d'une diminution de 6 millions dans les produits d'enregistrement, pour mutations d'immeubles, diminution dont M. Labbey de Pompières explique les causes dans le discours que nous avons rapporté.

»Ainsi, dès qu'en n'évaluant les droits

---

d'indemnités bien conçu produira pour le soulagement des contribuables, 25 millions au plus bas, en ranimant les branches parasites des droits de mutation et hypotheques, sans à ce comprendre; 1.° la réduction de l'impôt direct, par l'augmentation de la matière imposable et l'augmentation des droits de consommation provenant, soit de l'aisance qu'acquerront les anciens propriétaires indemnisés, soit du bénéfice de 1400 mille francs environ que mon systeme général d'indemnités procurera aux détenteurs nationaux; 3.° 45 millions résultant de divers moyens de crédit; mais ces avantages inhérens à mon systeme général d'indemnités, seraient nuls, si on ne payait 5,000 f. de rentes immobilisées, (par ex.) pour 100,000 f. valeur de 1790, avec retenue d'un p. cent pour primes.

qu'à 90 millions, on a calculé en 1814, qu'il y avait un déficit de 30 millions, ce déficit devrait être plus considérable encore, d'après les bases fixées dans le rapport de M. le comte Beugnot, puisque les droits devraient être évalués, d'après le taux moyen et annuel des transactions, à 133 millions au lieu de 90 millions.

» 5°. *Autre base.* Il est en général reconnu par l'expérience, que les immeubles donnent tous les dix ans ouverture à des droits de mutation, par mort, vente, etc. Ainsi le produit annuel des droits d'enregistrement, timbre et hypothèque, relatifs à ces biens, devrait, d'après le taux moyen des transactions, égaler le dixième des droits, pris sur le dixième de la propriété territoriale; c'est-à-dire, que pour connaitre le taux moyen du produit des droits d'enregistrement, timbre, hypothèque, il faut calculer quelle est la valeur de tous les immeubles qui passent dans la circulation, la réduire au dixième pour chaque année, et déterminer les droits sur le dixième. D'après une opinion de M. Tronchon député, conforme aux renseignemens administratifs déposés à la commission du budget, le revenu net foncier de toute la France s'élève à plus de 1580 *millions*, qui, à raison de 3 pour cent, représentent un capital de 30 milliards 800 millions; or, ce capital serait plus fort, si on s'arrêtait au prix des ventes, parce qu'un immeuble ne se vend qu'à 4 pour cent au plus du revenu. Mais calculons sur 30 milliards : le dixième de 30 milliards est trois milliards. C'est donc 3 milliards de biens dont le mouvement annuel de rotation devrait donner lieu à des droits d'enregistrement, timbre et hypothèque. Or, à cinq pour cent de droits (et les droits de vente se portent avec les hypothèques à 7 et demi pour cent, au moins) 3 milliards, à 5 pour cent, dis-je, devraient chaque année produire 150 millions. Cet aperçu, extraordinaire au premier coup d'œil, cesse de le paraître, lorsqu'on réfléchit que les biens immeubles ont doublé de valeur depuis 1789, puisque la valeur territoriale n'était alors évaluée qu'à 15 milliards environ, et qu'aujourd'hui le revenu net a été, d'après les renseignemens administratifs ci-dessus, porté à 1580 millions, représentant évidemment un capital de plus de 30 milliards. En réunissant toutes les données ci-dessus, et en les comparant avec vos documens administratifs, vous pourrez aisément, monsieur le Directeur général, asseoir votre opinion sur la question que j'ai l'honneur de vous soumettre, et qui consiste à savoir si le déficit qu'a occasionné le ralentissement des droits d'enregistrement relatifs aux domaines nationaux, ne doit pas être évalué, d'après le taux moyen des transactions sociales, à 25 millions, d'après l'augmentation des droits et de la valeur des propriétés territoriales, depuis 1789?

» J'aurai l'honneur de vous soumettre ensuite le chapitre de mon travail financier vous concernant. Je serai recompensé de mes travaux si je puis joindre, aux suffrages honorables que j'ai obtenus, celui d'un homme d'État aussi digne que vous, Monsieur, de la confiance du Roi.

J'ai l'honneur d'être, etc.

Observations. Les voies et moyens développés dans cette lettre, apostillée par un honorable Député (1), ne forment que

(1) A la même époque, (le 19 octobre 1823), je demandai à l'appui de mon plan financier, par une lettre que le même député voulut bien apostiller, des renseignemens a M. de Saint-Cricq, directeur général des Douanes, qui daigna me les transmettre. Je suis autorisé à croire que si je n'ai pas reçu, même un accusé de réception de la première, c'est parce qu'elle a été renvoyée à M. de Villele pour servir, s'il y avait lieu, à son travail financier, en lui épargnant le soin de faire rechercher les documens épars que j'avais réunis ; mais pourquoi ne pas me répondre au moins : *il est impossible de satisfaire à vos questions. Votre lettre contient toutefois des documens qui peuvent être utiles. Le Ministre en fera usage, s'il y a lieu, et rend justice à votre zèle.* Le silence observé à mon égard dans cette occasion, se lie à mes yeux, au système silencieux de M. de Villele, qui a daigné me prouver qu'il appréciait mes travaux en les gardant pour lui, en s'en servant (ainsi qu'il résulte de ses discours à la Chambre, rapprochés de ma correspondance), et oublier la classe dont je fais partie, dans les ordres qu'il a don-

l'un des paragraphes de mon plan financier, que j'ai remis postérieurement à M. de Villèle, pour lui fournir les moyens de hâter la grande mesure qu'il ajournait depuis 1821, et de réduire ainsi les impôts, de 450 millions au moins, pendant 10 ans, et de 175 millions à perpétuité, annuellement après la dixième année. Mais j'ai toujours rappelé à M. de Villèle ce que je disais dans mes écrits : « Mes calculs sont subor-» donnés à diverses conditions, et notam-» ment à ce que le principe du projet de » loi consacre un système général d'indem-» nité intégrale, en faveur de tous ceux qui » ont perdu des biens par suite des confisca-» tions révolutionnaires. »

---

nés pour connaître la valeur des biens des anciens propriétaires à indemniser. Cependant j'ai dit et répété dans mes lettres : mon seul but est de continuer de prouver mon dévouement à M. de Villèle, et d'accélérer l'époque du paiement de l'indemnité qui m'est due en qualité d'héritier d'un prêtre reclus : et tous les prêtres reclus, tous leurs héritiers, sont oubliés dans les instructions de M. de Villele.

Si M. de Villèle n'a jamais daigné m'accuser même réception de mon plan financier, dont il a fait usage, n'est-ce point parce que M. de Villèle ne partageait point mon opinion sur le principe ; qu'il avait adopté, au contraire, dans son cœur, le système privilégié d'indemnité, consacré par sa circulaire qui m'exclut ? C'est ce que les faits suivans mettront à même de décider.

Dans le discours du trône, S. M. Louis XVIII annonça, à l'ouverture de la dernière session, sa volonté *de fermer les dernières plaies de la révolution et de réduire les impôts ;* la commission, chargée de la rédaction de l'adresse en réponse au discours de S. M., n'avait parlé que de *l'indemnité due aux émigrés.* M. le général *Foy* combattit cette rédaction, en prouvant qu'elle restreignait les intentions manifestées par le Roi, de fermer non *les plaies des émigrés seulement,* mais *les dernières plaies de la révolution.* L'honorable opinant proposa, dans ce sens un amendement qui fut adopté.

A l'époque de la discussion sur les routes dans la Chambre des députés, (les 23 avril et jours suivans), M. de Villèle combattit lui-même, en paraphrasant les expressions de S. M., celles d'un Député qui, en parlant de l'indemnité due aux émigrés seulement, lui parut apporter des restrictions à la mesure d'indemnité annoncée par le Roi.

Cependant antérieurement (le 12 avril) et postérieurement (le 1.er juin 1824), M. de Villèle, par des instructions *conformes à ses ordres*, restreignit cette mesure aux émigrés seulement.

Postérieurement, M. le vicomte de la Bourdonnaye développe une proposition d'indemnité en faveur de tous ceux qui ont perdu des biens; M. de Villèle garde le silence; la proposition est rejetée par respect pour l'initiative royale, et le lendemain un journal semi-officiel, contenant sans cesse le panégyrique de M. de Villèle, annonce que la proposition de M. de la Bourdonnaye n'était pas assez vaste, qu'elle restreignait la mesure officielle qui doit fermer les dernières plaies de la révolution.

Et cependant le résultat de cette mesure serait, d'après les tableaux commandés par les instructions précitées, d'exclure, par un système privilégié d'indemnité inconstitutionnel, dangereux, les droits acquis, dont M. de la Bourdonnaye et plusieurs Deputés avaient pris la défense.

Les faits diront, si le projet a échoué par la volonté de l'ordonnateur de l'*imprimé* suivant, s'il y a imprévoyance, ou attentat prévu par l'article 88 du pénal. *(Il y a attentat, dès qu'un acte est commis ou commencé, pour parvenir à l'exécution, quoiqu'il n'ait pas été consommé.)*

» *Direction générale de l'enregistrement* » *et des domaines. — Instructions géné-* » *rales*, n.° 1135. *Instruction relative* » *aux biens aliénés par suite des lois* » *sur l'émigration — du* 1.er *juin* 1824.

» Le Gouvernement veut se mettre à por» tée de présenter aux Chambres, dans la » session prochaine, un projet de loi pour » accorder *une indemnité* aux anciens pro-

» priétaires, dont les biens *immeubles* ont » été aliénés *en exécution des lois sur l'é-* » *migration.* »

Nota. Pourquoi n'a-t'on pas ajouté : » *et sur la confiscation* des biens immeu- » bles des condamnés et prêtres reclus com- » pris dans les décrets de restitution des 22 » prairial et 21 fructidor an III, ensemble » de tous les biens immeubles confisqués » depuis lesdits décrets, en vertu de con- » damnations pour faits relatifs au rétablis- » sement de la monarchie légitime ? » ; (telles que les condamnations prononcées contre les héros de la Vendée, Frotté, Georges, et les recéleurs de proscrits.)

La circulaire prévient toute objection relative à la responsabilité de M. le Directeur général de l'enregistrement et de ses préposés. L'honorable fonctionnaire établit qu'il n'a agi que par ordre supérieur, *conformément aux ordres de M. le Ministre des Finances* (1) ; mais pourquoi

(1) Cette petite circonstance ne peut-elle pas conduire à deviner un ancien secret de la Cour et de la ville, sur certaines mutations et promotions antérieures au nouveau regne, en prou-

M. *de Villèle* a-t-il, *par ses ordres*, exclu même tous ceux qui avaient des droits acquis? Si c'est un oubli, il y a imprévoyance, inhabilité; s'ils n'y a pas imprévoyance, inhabileté, il y a délit, attentat à le Charte.

Suite de la circulaire. « Dans cette vue » et *conformément aux ordres de S. E. le » Ministre des Finances*, le directeur géné» ral, par sa lettre *du 12 avril dernier*, a » déja demandé aux directeurs d'un cer» tain nombre de départemens les plus rap» prochés de Paris, un état du nombre des » ventes des biens de *l'espèce faites en vertu » de chacune des lois qui ont réglé le mode » de ces ventes.* »

Nota. M. *de Villèle* connaissait donc bien toutes les lois contre les émigrés *admis* à l'indemnité? A-t-il ignoré celles relatives

---

vant qu'il est des *inférieurs* plus habiles que *leur supérieur*; que des hommes d'état justement honorés de la confiance publique, savent, en exécutant les ordres d'un Ministre supérieur, concilier leurs devoirs avec leur dignité personnelle et justifier cette maxime : il faut savoir obéir pour pouvoir commander à son tour.

aux exclus qui ont des droits acquis ? il y a imprévoyance, ignorance, inhabileté ; dans le cas contraire, il y d'autant plus délit, attentat à la Charte, que M. de Villèle avait dans le cœur le projet privilégié d'indemnité avant le 12 avril ; tandis que, le 24 du même mois et jours suivans, il a combattu, en invoquant le discours du trône, le Député qui ne parlait que de l'indemnité due aux émigrés, et qu'il a commencé à exécuter son projet privilégié, postérieurement à la délibération de la Chambre des Députés, portant, sur la proposition de M. le général Foy, rejet de la rédaction de la commission qui, en réponse au discours du trône, ne fit mention que de l'indemnité due aux émigrés. Il y a donc imprévoyance ou délit prémédité.

Cette imprévoyance ou ce délit sont d'autant plus graves, que M. de Villèle a attenté aux prérogatives du Roi et des Chambres, en communiquant au-dehors ce qu'il cachait au Roi et aux Chambres. Grand Jury, pesez ces paroles qu'on ne saurait trop répéter et les art. 15, etc., de la Charte :

« *Le Gouvernement veut* se mettre à » portée de présenter aux Chambres, dans » leur prochaine session, un projet de loi » pour accorder une indemnité pour biens » vendus en vertu des lois sur l'émigration (seulement.) »

Et le Roi avait dit : *je veux fermer toutes les dernières plaies de la révolution ;* et M. de Villèle répétait le 24 avril : *le Roi veut fermer toutes les dernières plaies de la révolution et non celles des émigrés seulement ;* tandis que dès le 12 avril, M. de Villèle avait non-seulement communiqué au-dehors : *le Gouvernement veut présenter, dans la prochaine session, un projet de loi* pour *les émigrés* seulement, mais encore prescrit des ordres pour préparer l'exécution de son plan privilégié, en opposition avec la volonté du Roi et avec la Charte.

Et le 1.er juin, il tombe en récidive et aggrave les funestes résultats de sa faute, en donnant des ordres imprimés, distribués à une nuée de préposés, et mystérieux pour le Roi et les Chambres, afin de faire, dans toute la France, le contraire de ce que voulait le Roi, le contraire de ce que le Roi et M. de Villèle avaient dit aux Chambres. N'est-il pas plus clair que le jour qu'il y a félonie, si M. de Villèle n'avoue pas son imprévoyance, son inhabileté? N'a-t-il pas exposé le Roi et les Chambres à perdre la confiance publique, en autorisant à dire : « le Roi et les Chambres ne sont rien, puisque M. de Villèle » donne des ordres pour faire le contraire » de ce que veulent le Roi et les Chambres, » et qu'il leur cache ce qu'il communique » au-dehors aux exécuteurs de sa volonté. » (*V. les art.* 15, *etc., de la Charte ;* 88, *etc., du Code pénal.*)

Le Roi a dit aux Chambres : « Je suis » en paix avec tout le monde, je veux res- » ter en paix ; la paix ne sera pas trou- » blée. »

Que faudrait-il penser et que pourrait-il arriver si M. le président du Conseil, après avoir répété aux Chambres réunies les paroles du Roi, eût non-seulement écrit en même temps une circulaire pour communiquer au-dehors ; *le Gouvernement veut se mettre à portée de présenter aux Chambres, dans leur prochaine session, un projet de loi relatif à une déclaration de guerre contre telle puissance ;* mais encore mis en mouvement, par des ordres mystérieux pour le Roi et les Chambres seulement, une armée de subordonnés pour prendre des renseignemens même auprès des habitans des campagnes, et dresser des états de situation du pays à qui la guerre devrait être déclarée ! !

Il n'y a pas d'analogie, dira-t-on. Je prouverai, en ouvrant le livre de la loi, que le délit actuel serait aussi grave par sa nature et par ses résultats ; et que si M. de Villèle ne s'inclinait pas devant la question d'excuse que je veux bien mettre à ses pieds, M. de Villèle ne pourrait point s'empêcher de courber sa tête devant les preuves matérielles, résultant de ses instructions accusatrices et de la loi sur les attentats consommés et non consommés.

SUITE DE LA CIRCULAIRE. « *D'autres ordres de S. E. le Ministre des Finan-*

» *ces* (1) chargent l'administration de l'en» registrement et des domaines de faire former » dans chaque département, à titre de ren» seignemens provisoires et pour *servir à* » *combiner le projet de loi.* » (*Nota. En faveur des émigrés seulement.* Ainsi les renseignemens quoique provisoires à leur égard, quant à l'application du principe, ne serviraient en rien aux *exclus.*) 1.° *Un état de tous les biens d'émigrés vendus.* (*Nota.* L'intention d'exclure, par un système privilégié d'indemnité ceux qui ont des droits acquis, n'est-elle pas clairement manifestée? (2).

(1) On m'a dit dans les bureaux du ministère des finances, que M. de Villele n'avait donné que des ordres vagues, pour que les préfets ouvrissent leurs archives aux préposés de l'enregistrement; mais on voit par la circulaire, qu'un *inférieur* peut être plus habile qu'un *supérieur.*

(2) M. de Villèle aurait trouvé au bureau des décomptes, place Vendôme, un état de tous les biens vendus sujets à l'indemnité, et il n'aurait eu qu'à envoyer un tableau dans les départemens pour remplir la colonne relative à la fixation du revenu. C'est ce que j'ai dit dans un

« Cet état fera connaître, 1.° *le revenu en* 1790, *de ces biens* (d'émigrés vendus.)

Nota. Cet état a dû être formé d'après *les renseignemens pris même auprès des notaires et cultivateurs,* ainsi qu'on le verra ci-après par les ordres cités ; d'où l'on conclura aisément qu'il est impossible que toute la France n'ait pas été dans le secret de l'Ordonnateur des instructions mysté-

---

écrit publié en 1819, et que j'ai adressé à M. de Villèle. C'est ce que j'ai fait dans mon intérêt pour suppléer à l'acte de vente, que je n'ai trouvé nulle part, d'un bien dont je suis ancien propriétaire, comme héritier d'un prêtre reclus. M. de Villele, en suivant pour tous la même marche, aurait eu sans bruit, sans inconvénient, un état exact, 1.° parce qu'il aurait suppléé aux actes de vente adirés ; 2.° parce qu'en général, on ne trouve pas au bureau des décomptes, ceux des anciens propriétaires rentrés en possession. Pourquoi a-t-il pris une mesure inconstitutionnelle, dangereuse, sauf pour l'agiotage, et qui ne procurera que des renseignemens fautifs ? Je ne sais. Mais il est certain qu'il devenait, par la marche que j'avais indiquée en 1819, impossible d'exclure les droits acquis, et je suis exclu par la marche suivie.

rieuses pour le Roi et les Chambres. » Cet état doit indiquer encore *le prix de la vente réduit en numéraire au cours du jour de l'adjudication.* (*Nota.* Quel effet a dû produire sur les Français intéressés aux ventes nationales (9,930,000) cette clause qui a dû paraître inutile pour la fixation de l'indemnité, puisque, d'après la première, l'indemnité des émigrés seulement paraît devoir *être fixée d'après la valeur des biens en* 1790.)

D'après les ordres du Ministre, la circulaire prescrit encore : *un état de tous les immeubles provenant aussi d'émigrés* (seulement), *et dont le Gouvernement a disposé autrement que par vente.* (*Nota.* On n'a point songé à rappeller le discours du Roi, portant que l'indemnité serait payée *par les moyens préparés pour la réduction des impôts*, et dès-lors quel effet a dû produire aussi sur les contribuables une opération pour l'indemnité des émigrés seulement, tandis que *le Roi avait* annoncé aussi sa volonté de fermer toutes *les dernières plaies de la ré-*

volution, et que M. de Villèle le répétait aux Chambres à l'instant même où il faisait le contraire ? N'a-t-on pas dû s'écrier ! « on trompe le Roi, on trompe les Cham-»bres ; on nous trompe donc tous. Qui »paiera donc l'indemnité. » (1).

SUITE DE LA CIRCULAIRE. « Les ventes de »biens d'émigrés ayant été faites, pour la »plupart, en exécution des lois des 2 sep-»tembre 1790, 3 juin et 13 septembre »1793, 6 ventôse et 24 floréal an 3, il »convient de s'occuper d'abord des moyens »de fournir pour ces ventes les rensei-»gnemens dont le Gouvernement a besoin. »On va en conséquence s'expliquer sur »le mode à suivre à ce sujet. *Des in-»structions ultérieures* traceront la marche »à tenir, tant à l'égard des ventes qui ont »eu lieu en vertu des lois postérieures à »celles ci-dessus rappellées, qu'en ce qui »concerne les aliénations de biens faites à »d'autres titres que celui de vente. »

Nota. Pourquoi ne pas faire tout à la

---

(1) Contribuables, détenteurs, dormez en paix ! CHARLES X a promis.

fois ? Pourquoi multiplier les opérations, les frais, les rouages ? N'y a-t-il pas encore, sous ce rapport, imprévoyance, et pourra-t-on fournir des tableaux exacts aux Chambres à la session prochaine ? Au surplus, on ne dit pas que les instructions ultérieures annoncées embrasseront les anciens propriétaires de l'intérieur, victimes des lois sur la confiscation. En citant les lois relatives aux émigrés on saute à pieds joints sur les lois intermédiaires, concernant les héritiers des prêtres reclus et les autres français de l'intérieur qui ont des droits acquis. Tout décèle l'intention de les exclure ; si le projet a échoué, la tentative a-t-elle dès-lors été suspendue, et a-t-elle manqué son effet par des circonstances fortuites, dépendantes ou indépendantes de la volonté de l'ordonnateur ?

SUITE DE LA CIRCULAIRE. « Le revenu des » biens vendus sera établi tel qu'il a été » fixé, soit par les procès-verbaux d'exper» tise préalables à la vente, soit par les pro» cès-verbaux d'adjudication. A défaut d'é» nonciation du revenu de 1790, dans ces

» actes, ce revenu sera réglé d'après les » baux existant à cette époque ; et à défaut » de ces baux, par la contribution foncière » de 1793, en prenant quatre fois le mon- » tant de cette contribution, ainsi qu'il a » été prescrit par l'article 5 de la loi du » 28 ventôse an 4 ; ou enfin, à défaut de ces » documens, *d'après la connaissance que » les préposés se seront procurée auprès, » soit des cultivateurs, soit des notaires*; » du prix de location en 1790, de l'arpent » de terre, dans la commune de la situation » des biens. »

Nota. Ainsi c'est l'opinion d'un préposé qui devait présider en partie aux renseignemens destinés à faire la loi, ou le projet de loi privilégié, dont le principe a été communiqué, d'après les ordres de M. Villèle, par la circulaire portant : *le Gouvernement veut*, à une nuée de préposés qui ont arpenté ou parcouru la France en tous sens, en prenant des renseignemens auprès des notaires, cultivateurs, etc. ; et l'on croirait possible que le principe du projet de loi d'indemnité privilégié n'ait pas été communiqué à la France entière, tandis que M. de Villèle disait d'abord aux Chambres le contraire de ce qui était fait par ses ordres; qu'il gardait ensuite le silence sur la proposition générale d'indemnités de M. de La Bourdonnaye, et que le lendemain son journal semi-officiel prétendait que cette proposition était restrictive du sytème de M. de Villèle, et à l'instant même on procédait à une opération restrictive de cette proposition, à une opération motivée sur les ordres de M. de Villèle, mystérieux pour le Roi et les Chambres; ordres en opposition avec la Charte, avec la volonté royale, avec les prérogatives de la couronne et des Chambres!!

N'y a-t-il pas évidemment attentat aux articles 15 et suivans de la Charte, consacrant que le Roi propose la loi, et que les Chambres seules ont le droit d'en recevoir la communication dans les formes légales; que les Ministres ne peuvent communiquer un projet de loi au-dehors que lorsqu'ils le présentent à la Chambre des députés, en vertu d'une ordonnance du

Roi? Si le Ministre ordonnateur et seul responsable ne confesse pas son imprévoyance, n'y a-t-il pas attentat consommé d'autant plus grave, contre l'autorité constitutionnelle du Roi et des Chambres, que la France entière a été autorisée à répé»ter : Le Roi et les Chambres ne sont »rien ; le Ministre est tout ; les lois ne »sont pas discutées et votées librement, »puisque le Ministre est tellement as»suré de faire passer ce qu'il veut, et de »dominer les Chambres, qu'il annonce »d'avance à ses préposés les projets incon»stitutionnels qu'il médite, et qu'il cache »au Roi et aux Chambres réunies?

SUITE DE LA CIRCULAIRE... « Les docu»mens relatifs aux revenus de 1790, de»vant être tirés spécialement des procès»verbaux d'estimation ou de vente, il est »nécessaire que les préposés soient chargés »de consulter ces actes. Les directeurs »prescriront en conséquence, au reçu de la »présente, à un ou plusieurs vérificateurs, »selon le besoin, de se transporter immé»diatement aux archives de la préfecture,

» pour y faire, *sur des bulletins imprimés* » *et dont il va être envoyé un nombre suffi-* » *sant d'exemplaires*, l'extrait de chacun » des procès-verbaux de vente et d'estima- » tion. »

Nota. Pourrait-on n'être pas convaincu, d'après le nombre de ces bulletins imprimés, où tout porte le cachet du système privilégié d'indemnité, et d'après la publicité inévitable des opérations colossales prescrites aux agens, que tous les Français ont connu ce que le Ministre cachait aux Roi et aux Chambres; que ce système privilégié, attentatoire aux droits acquis, a été dans le cœur de l'ordonnateur, et que si les premiers *actes commis ou commencés*, pour parvenir à l'exécution, ne l'ont pas été *sciemment*, il y a au moins attentat consommé contre l'autorité constitutionnelle du Roi et des Chambres, et attentat non consommé contre les droits acquis, par imprévoyance ou inhabileté. Au surplus, tout dénote dans les bulletins l'intention de payer l'indemnité, d'après la valeur des biens de 1790 : mais on ne dit jamais un mot du discours du trône, qui seul avait porté la confiance dans le cœur des contribuables et des détenteurs nationaux; on repète au contraire jusqu'à trois fois, soit dans l'instruction, soit dans les modèles y annexés, l'ordre de *désigner le prix de la vente en assignats réduit en numéraire*, désignation qui, évidemment inutile pour fixer l'indemnité, ne pouvait avoir pour résultat (je ne dis pas pour but), que de semer des inquiétudes et d'encourager l'agiotage, en fournissant aux spéculateurs l'occasion de dire aux exclus désespérés, et aux admis qui pourraient craindre que le système privilégié ne fît ajourner ou manquer la mesure d'indemnité : — *Je vous achète à tous vos droits, à mes risques et périls*, par contrat à grosse *aventure*. (fait historique.)

L'imprévoyance du Ministre ordonnateur a été portée si loin, qu'il avait sous sa main les matériaux nécessaires pour obtenir presque sans frais, sans bruit, sans inconvénient, les renseignemens qu'il désirait, tandis qu'il n'a pu obtenir qu'à grands frais, par une mesure inconstitutionnelle, dangereuse, des documens inexacts.

Il est constant en effet que, pendant l'anarchie révolutionnaire, un grand nombre de procès-verbaux de ventes nationales furent détruits à raison des abus qui avaient été commis. — Dans mon département, les archives d'un district devinrent la proie des flammes ; un autre incendie consuma la préfecture elle-même. — Ainsi, sous ce premier rapport, les préposés du Ministre responsable n'auront pu comprendre sur les états, plusieurs biens sujets à l'indemnité, parce qu'ils n'auront pas trouvé, aux archives publiques, les actes de vente : d'autre part, ils auront trouvé dans ces archives les actes de vente de biens qu'ils auront mal à propos portés dans les états, parce que les anciens propriétaires sont depuis long-temps en possession de leurs biens, soit par annullation, soit par des circonstances d'une telle nature, que si on eût songé à donner aux préposés toutes les instructions convenables, les anciens propriétaires, dirigés par l'honneur, auraient dit eux-mêmes à ces préposés : *nous ne pouvons pas avoir la chose et le prix. Rayez notre article.* (1).

J'ai indiqué en 1819, et rappellé ci-dessus (pag. III, note 1re), la marche que pouvait suivre le Ministre ordonnateur en recourant à ses archives, pour avoir les

---

(1). Tels sont ceux qui, après le 9 thermidor, reprirent la propriété de leurs biens, non-seulement en faisant annuler les actes de ventes que les frères et amis s'étaient consenties, en dénonçant les propriétaires comme émigrés, mais encore en déterminant les dénonciateurs à restituer ce qu'ils avaient pris. Le nombre de ces actes de vente annulés, soit par l'autorité, soit par la renonciation des détenteurs *casuels*, est considérable, et cependant les agens du domaine auront compris les biens dans leur travail, puisqu'ils l'ont rédigé d'après les procès-verbaux de vente déposés aux archives. Cette observation est applicable, 1.° aux biens que les pères, mères, et autres parens d'émigrés leur ont conservés, en les achetant à vil prix, en les payant avec des feuilles de chêne; 2.° aux biens dont les anciens propriétaires ont repris la possession par arrangemens volontaires, soit à vil prix, après leur radiation ou élimination sous

renseignemens les plus exacts, marche qui *n'aurait eu des inconvéniens que pour l'agiotage*, et pour le partisan du sytème privilégié.

Enfin, l'ensemble et les détails des ordres de M. de Villèle, mystérieux pour le Roi et pour les Chambres seulement, n'ont pu conduire qu'à une prorogation d'ajournement indéfini, en faisant enfanter à grands frais, *par la montagne en travail, une souris*, ou à une mesure privilégiée plus

---

le directoire, et surtout sous le dernier Gouvernement qui les encourageait, soit depuis la restauration, notamment après la proclamation de *Saint-Ouen*. — Tout ce que pourraient réclamer les anciens propriétaires, est le remboursement du prix payé pour l'arrangement volontaire, qui ne peut être connu que par un juri, chargé dans chaque département de la liquidation; c'est le seul moyen de prévenir les abus, les doubles emplois, et surtout de déjouer l'agiotage. — En général, il ne faut pas perdre de vue que la mesure générale d'indemnité a essentiellement pour but de rendre aux biens nationaux la valeur des biens patrimoniaux. — Ces observations conduiront à établir des exceptions dans le projet de loi.

funeste que l'ajournement, en ce que la montagne pouvait enfanter un volcan, si le dévouement de la France entière aux fils de St.-Louis, et sa confiance dans les promesses royales, n'eût surpassé l'imprévoyance de M. Villèle, imprévoyance excusable, s'il l'avoue, en satisfaisant au vœu des Français, mais qui prendra une autre caractère s'il prouve qu'il a agi sciemment, en reculant devant la question d'excuse et devant l'opinion publique dont il ne peut méconnaître les accens.

Erratum. J'allais presser ma conclusion avec la loi, lorsque j'ai reçu d'une part la nouvelle instruction accusatrice du 15 juillet 1824, et d'autre part, l'avis inséré dans le Moniteur, sur le résultat du travail attribué aux agens du domaine. Ces documens ont changé l'ordre de mes idées et de ma discussion, ainsi qu'on l'a vu par mon exorde, et par mes révélations, sur l'application des lois aux faits prouvés par cet écrit. — Ce changement imprévu a nécessairement donné lieu à quelques répétitions. Mais ces répétitions enfonçant la conviction dans tous les cœurs, contribueront peut-être à déterminer le Ministre responsable, à céder enfin au vœu de l'opinion publique; et, dans ce cas, tous les Français répéteront en allumant des feux de joie: *Dulcia repetita semper placent.* — Vive Charles X!

DARMAING.

Imprimerie de MIGNERET, rue du Dragon, n.° 20.

www.ingramcontent.com/pod-product-compliance
Ingram Content Group UK Ltd.
Pitfield, Milton Keynes, MK11 3LW, UK
UKHW021104270726
13993UKWH00006B/1004